W0344291

Vater unser im Himmel,
geheiligt werde dein Name.
Dein Reich komme,
dein Wille geschehe,
wie im Himmel so auf Erden.
Unser tägliches Brot gib uns heute.
Und vergib uns unsere Schuld,
wie auch wir vergeben
unseren Schuldigern.
Und führe uns nicht in Versuchung,
sondern erlöse uns von dem Bösen.
Denn dein ist das Reich und die Kraft
und die Herrlichkeit
in Ewigkeit.
Amen

Lasst uns beten!

Kindergebete
mit Bildern von Lore Hummel

Engelbert Dessart Verlag

O Gott, du hast in dieser Nacht
so väterlich für mich gewacht.
Ich lob und preise dich dafür
und dank für alles Gute dir.

Aus meines Herzens Grunde
sag ich dir Lob und Dank
in dieser Morgenstunde
und all mein Leben lang.
Den Tag will ich dir schenken
und alles, was ich tu,
im Reden und im Denken,
im Werk und in der Ruh.

In Gottes Namen fang ich an.
Denn Gott ist es, der helfen kann.
Wo Gott mir hilft, wird alles leicht.
Wo Gott nicht hilft, wird nichts erreicht.
Drum ist das Beste, was ich kann:
In Gottes Namen fang ich an.

Dass ich lachen kann und singen,
dass ich spielen kann und springen,
dass ich hören kann und schauen,
fühlen kann und Träume bauen,
dass ich manchmal weinen kann,
und die Mutter hört mich an,
dass ich deine Wunder sehe,
dass ich weiß um deine Nähe:
Dafür, Vater, dank ich dir,
nimm mich an und bleib bei mir.

Komm, Herr Jesus,
sei unser Gast
und segne, was du uns
bescheret hast.

Jedes Tierlein hat sein Essen,
jedes Blümlein trinkt von dir,
hast auch uns heut nicht vergessen,
lieber Gott, wir danken dir.

Alle guten Gaben,
was wir sind und haben,
kommt, o Herr, von dir,
dafür danken wir.

Wir sagen dir, Gott,
für Speis und Trank,
für alles Gute Lob und Dank.

Was nah ist und was ferne,
von Gott kommt alles her:
der Strohhalm und die Sterne,
das Sandkorn und das Meer.

Er lässt die Sonn aufgehen,
er stellt des Mondes Lauf,
er lässt die Winde wehen
und tut die Wolken auf.

Wo ich gehe, wo ich stehe,
bist du, lieber Gott, bei mir.
Wenn ich dich auch niemals sehe,
weiß ich dennoch, du bist hier.

Herr, du hast mich heut bewacht,
beschütz mich auch in dieser Nacht.
Du sorgst für alle, Groß und Klein,
drum schlaf ich ohne Sorgen ein.

Schon glänzt der helle Abendstern,
gut Nacht, ihr Lieben, nah und fern,
schlaft ein in Gottes Frieden.
Die Blume schließt die Blüten zu,
die Vögel gehen all zur Ruh,
bald schlummern alle Müden.

Du aber schläfst und schlummerst nicht,
dir, Vater, ist das Dunkel Licht,
dir will ich mich vertrauen.
Hab, Vater, auf uns alle Acht,
lass uns nach einer guten Nacht
die Sonne fröhlich schauen.

© Engelbert Dessart Verlag
in der Verlagsgruppe Beltz · Weinheim Basel Berlin
Alle Rechte vorbehalten
Gesamtherstellung: sachsendruck GmbH, Plauen
Printed in Germany
ISBN 3 89050 391 8
5 4 3 2 1 07 06 05 04 03